Anselm Grün

Du bist bei mir

Jugendgebete

HERDER

FREIBURG · BASEL · WIEN

Vorwort

Als ich jungen Menschen einmal die Aufgabe stellte, aufzuschreiben: „Was tue ich, wenn ich bete?", da wunderte ich mich, wie auch Jugendliche, die kein frommes Gesicht aufsetzten, abends im Bett beteten, dass ihre Freundschaft gelingt, dass sie gute Noten in der Schule schreiben, dass die Eltern zusammen bleiben, dass die Gruppe sich gut versteht, zu der sie sich zugehörig fühlen. Aber zugleich erzählten die Jugendlichen, dass sie sich oft schwertun, in Worten auszudrücken, was sie Gott sagen möchten.

So habe ich Gebete für junge Menschen aufgeschrieben, damit du in ihnen die Worte findest, die gerade deiner inneren Stimmung entsprechen. Vielleicht helfen dir die Gebete auch, mit dir selbst und deinen

Gefühlen in Berührung zu kommen. Du kannst diese Gebete alleine beten. Dabei ist es gut, die Worte laut auszusprechen, damit sie tiefer in dein Herz eindringen und dich deine eigenen Gefühle spüren lassen. Du kannst diese Gebete auch in einer Gruppe beten. Worte, die du in einer Gruppe vorliest, rühren in jedem etwas anderes an. Und doch schaffen sie Gemeinschaft. Sie verbinden euch miteinander in der Tiefe eures Herzens.

„Du bist bei mir", das ist die Grundaussage jedes Gebetes. Oft sind wir selbst nicht bei uns. Da brauchen wir einen andern, der bei uns bleibt, damit wir uns selbst nicht verlieren und uns selbst nicht verlassen. Die Gebete wollen dir das Vertrauen schenken, dass Gott wirklich bei dir ist. Und wenn Gott bei dir ist, dann kannst du auch bei dir selbst bleiben. Du musst nicht vor dir selbst fortlaufen. Manchmal bleiben wir nicht so gerne bei uns, weil wir uns nicht so gut aushalten können. Wir sind nicht so, wie wir gerne sein möchten. Da tut es gut, im Gebet zu erfahren, dass Gott uns aushält. Wenn Gott uns erträgt, vermögen wir auch uns selbst zu ertragen und auszuhalten. Manchmal haben wir Angst, dass Menschen uns verlassen, dass die Ehe unserer Eltern nicht hält, dass wir aus dem Netz fallen, das uns trägt. Gott wird uns nie verlassen. Diese Gewissheit schenkt uns das Gebet. So wünsche ich dir und euch, dass die Gebete in diesem Buch dir helfen, bei dir zu bleiben, dich selbst anzunehmen und dankbar zu sein, dass du von Gott bedingungslos angenommen und geliebt bist.

Anselm Grün

Inhalt

... bete ich mit ausgebreiteten Armen,
um den Himmel zu öffnen
über den Menschen.

In Berührung

Guter Gott, ich danke dir für diesen neuen
Tag. Ich fühle mich zwar noch gar nicht
wach, um all die Anforderungen zu erfüllen,
die heute auf mich zukommen. Doch ich
vertraue darauf, dass du deine schützende
Hand über mich hältst und mir den nötigen
Schwung gibst, den ich für den neuen Tag
brauche.

Sei du heute bei mir, damit ich die richtigen
Schritte tue. Damit ich erkenne, was mich
heute weiterbringt und wo ich mich für
das Leben einsetzen kann. Öffne mich für
das Leben. Lass mich in Berührung sein mit
dem Leben, mit mir selbst, aber auch mit
den Menschen, denen ich begegne. Nimm
den Schleier weg, der manchmal über
meinem Leben liegt und mich einfach so
dahinleben lässt.

Ich möchte wach leben, mit allen Sinnen leben. Ich möchte die Schönheit des Lebens auskosten. Und ich möchte dazu beitragen, dass für meine Freunde heute der Tag schöner und bunter und froher wird. Segne mich dazu, damit ich heute zum Segen werden darf für andere.

Offene Augen

Vater, der Wecker hat mich geweckt. Ich habe den Eindruck, der Schlaf war viel zu kurz. Aber ich will jetzt nicht dem Schlaf nachtrauern. Ich will mich einstellen auf das, was du mir heute zutraust. Schenk mir einen offenen Blick für die Möglichkeiten, die dieser Tag für mich bereithält. Lass mich sehen, wo du mich brauchen kannst, damit ich einem andern Mut mache, aufzustehen, das Leben positiver zu sehen, die Probleme anzupacken, anstatt zu jammern.
Du hast mir deinen Heiligen Geist geschenkt. Er ist in mir wie eine Quelle. Aber oft spüre ich sie nicht. Bring mich heute in Berührung mit dieser inneren Quelle, die nie versiegt, damit das Leben heute fließt und damit ich selber zur Quelle des Segens werden darf für andere.

Aufstehen zum Leben –
Gebet am Sonntag

Vater, du schenkst mir heute einen freien
Tag, einen Tag, an dem ich aufatmen darf.
Du schenkst mir den Sonntag, an dem wir
uns an die Auferstehung deines Sohnes
Jesus erinnern.
Lass mich heute aufstehen aus aller Unlust,
Resignation und Angst. Lass mich aufstehen
zum Leben. Und lass mich heute im Gottesdienst die Kraft der Auferstehung erfahren,
die alles Erstarrte in mir zu neuem Leben
aufbricht und alles Lahme aufstehen lässt.
Schenk mir heute die Fantasie, das zu tun,
was mir wirklich Freude bereitet. Und lass
mich heute froh in den Tag gehen, damit
durch mich auch andere froher werden.
Lass mich den Tag genießen und spüren,
dass das Leben Spaß macht und dass es
sich lohnt, zu leben und die Schönheit deiner Schöpfung zu genießen.

... halte ich meinen Tag Gott hin
und überlasse mich
seinen Händen.

Ohne Vorwürfe

Guter Vater, der Tag ist heute an mir einfach vorübergegangen. Ich war nicht bei mir. Ich habe einfach vor mich hin gelebt. So will ich wenigstens jetzt am Abend dir diesen Tag nochmals hinhalten. Nimm du ihn so, wie er war. Wenn du ihn annimmst, dann kann auch ich mich mit ihm versöhnen.

Ich verzichte darauf, mir Vorwürfe zu machen. Er war, wie er war. Wenn er in deinen Händen liegt, dann kann ich ihn mit ruhigem Gewissen loslassen.

In dieser Nacht trägst du mich mit deinen guten und zärtlichen Händen. Es tut gut, sich in deiner Liebe zu bergen. So kann ich ruhig schlafen und darauf vertrauen, dass du mich in dieser Nacht stärkst für den nächsten Tag, an dem du mir eine neue Chance gibst, alles anders zu machen und von Neuem zu beginnen. So lass mich jetzt in Ruhe schlafen.

Danke!

Guter Gott, ich danke dir für den vergangenen Tag. Du hast mir so viel geschenkt. Ich danke dir für die Begegnungen, die ich heute hatte. Für die Gespräche, in denen ich das Geheimnis berührt habe, das uns alle umfängt.

Ich danke dir für das, was mir heute geglückt ist. Die Arbeit ist mir heute von der Hand gegangen. Sie hat Spaß gemacht. Und ich danke dir für den Spaß, den wir miteinander hatten, für die Fröhlichkeit, die unter uns geherrscht hat. Ich habe gespürt, dass das Leben sich lohnt.

So lege ich mich dankbar schlafen und vertraue mich deinen guten Händen an. Sende mir heute Nacht auch deinen Engel, damit er mich behütet und über mich wacht. Und er soll mir gute Träume schicken, die mir neue Wege weisen für den morgigen Tag.

In deinen Händen

Guter Vater, wenn ich auf den Tag heute zurückschaue, so war er sehr gemischt. Da waren die Erfolgserlebnisse, als ich endlich mal den Mut hatte, auf den andern zuzugehen und ihn anzusprechen. Da war die Zustimmung meiner Freunde und da war die Erfahrung einer Liebe, die mich glücklich macht.

Aber daneben war auch Ärger über die Arbeit, die mir gar nicht liegt. Da war die Kritik meiner Eltern, die etwas von mir erwarten, was ich ihnen nicht geben kann. Und es war die Enttäuschung über mich selbst, dass ich etwas getan habe, was ich eigentlich gar nicht wollte.

Nimm diesen Tag so, wie er war, mit dem Guten und mit dem Belastenden. Ich übergebe dir den Tag und vertraue ihn dir an.

Ich verzichte darauf, mir darüber weiter Gedanken zu machen. Ich lasse dankbar los, was gut war. Und ich lasse vertrauensvoll los, was mich noch ärgert. Ich lege es in deine Hände, damit es in dir ruht und ich in deinen Händen ruhig schlafen kann.

den Vater, den Allmächtigen,
der alles geschaffen,
Himmel und Erde,
die sichtbare und
die unsichtbare Welt.

Glaubensbekenntnis

Du hast mich gut gemacht!

Gott, du hast mich geschaffen. Ich danke dir, dass du mich so wunderbar gemacht hast. Ich freue mich an meinem Leib, an meinem Geist, der immer neue Ideen hat, und an den Fähigkeiten, die du mir geschenkt hast. Du hast die Natur geschaffen, deren Schönheit ich bewundern darf. Ich kann mich manchmal gar nicht satt genug sehen.

Du bist der Schöpfer. Deine Hand hat mich gestaltet und formt mich Tag für Tag. Und du bist mein Vater, der mich hält, der mir den Rücken stärkt, der mir Mut macht, mein eigenes Leben zu wagen. Ich weiß, dass du immer bei mir bist. Auch wenn ich weit weg bin von dir, kann ich wieder zu dir zurückkommen und du nimmst mich in deine barmherzigen Arme auf. Auch wenn ich manchmal Umwege und Irrwege gehe, hältst du immer deine Arme auf, damit ich mich darin bergen kann.

Ich danke dir, du Schöpfer meines Lebens und du Vater, der mich gebildet hat. Mit der Bibel darf ich beten: „Ich danke dir, dass ich so staunenswert und wundersam gemacht bin. Ja, das weiß ich: Wunderbar sind deine Werke" (Psalm 139,14).

Auch wenn ich dich nicht verstehe

Gott, du bist mein Vater, du bist meine Mutter. Du bist der Vater, der mir den Rücken stärkt, der mir Mut macht, mein eigenes Leben zu wagen. Und ich weiß, dass ich immer zu dir zurückkommen kann, wenn ich Hilfe brauche. Bei dir kann ich mich anlehnen, wenn ich mich schwach fühle. Gott, du bist meine Mutter. Du schenkst mir Geborgenheit und Heimat. Du gibst mir das Gefühl, dass ich willkommen bin auf dieser Welt. Du schaust mich wohlwollend und freundlich an. Wenn ich mich allein fühle, weiß ich, dass deine liebende Gegenwart mich einhüllt, dass ich geborgen bin in deiner Liebe, die mich umgibt.

Jesus hat mich eingeladen, dich meinen lieben Vater zu nennen. Die vertraute Beziehung, die Jesus zu dir hatte, hat er auch uns zugesprochen. Aber manchmal erlebe ich dich gar nicht als den lieben Vater. Wenn mir das Leben gar nicht glücken will, wenn ich das Leid in der Welt sehe, dann bringe ich das nicht zusammen mit dem Bild des lieben Vaters und der guten Mutter.

Du, Gott, bist mein Vater und meine Mutter. Aber du bist auch der ganz Andere, den ich nicht verstehe. Du bist mir oft unbegreiflich. Aber auch wenn ich dich nicht verstehe, vertraue ich, dass du mein Vater und meine Mutter bist, dass du mich nicht verlässt und dass ich zu dir kommen kann mit allem, was mich bewegt.

Die sichtbare und die unsichtbare Welt

Gott, du mein Vater, alles hast du geschaffen, die sichtbare und die unsichtbare Welt. Alles, was ich in dieser Welt erlebe, stammt von dir. Wenn ich auf meinen Reisen wunderschöne Landschaften sehe, begegne ich dir, der du diese Welt mit so vielen Wundern ausgestattet hast. Aber du hast auch die Engel geschaffen, die ich nicht sehe.
Du schickst mir oft einen Engel, wenn ich mich allein fühle. Manchmal schickst du mir einen Menschen, der mir zum Engel wird. Er kommt gerade im richtigen Augenblick, um mich anzusprechen und aufzurichten. Oft kommt der Engel in einer Eingebung zu mir. Da denke ich über etwas nach. Doch dann gibt mir ein Engel den Impuls, in diesem oder jenem Buch nachzulesen.

Und ich finde eine Antwort auf meine Frage. Du schickst deinen Engel in meine Einsamkeit, in meine Dunkelheit, in meine Verzweiflung.

Manchmal darf ich den Engel spüren. Dann bin ich nicht mehr allein. Du hast mich nicht vergessen. Du hast deinen Engel zu mir geschickt. Ich bin dir wichtig genug, dass du an mich denkst. So weiß ich, dass ich nie allein sein werde. Dein Engel wird immer bei mir sein.

Brot: Johannes 6,35
Wasser: Johannes 4,14
Licht: Johannes 8,12
Guter Hirte: Johannes 10,11
Tür: Johannes 10,9
Weinstock: Johannes 15,5
Weg, Wahrheit, Leben: Johannes 14,6
Auferstehung: Johannes 11,25

JESUS
ZUTRITT ERLAUBT

Jesus: mein Bruder

Jesus, du bist mein Bruder, der mich begleitet auf meinen Wegen. Manchmal ist mir
Gott so fern. Und ich kann mir ihn gar nicht
vorstellen. Dann versuche ich, mir dein Bild
vor Augen zu halten, so wie du damals auf
die Menschen zugegangen bist, wie du
sie von ihren Krankheiten geheilt und sie
wieder aufgerichtet hast, wenn sie mutlos
waren.
Ich spüre, wie du die Menschen liebst. Du
verurteilst niemanden. Du gibst jedem eine
Chance, immer wieder, auch wenn er sich
lange nicht um dich gekümmert hat. Ich
spüre die Kraft, die in dir steckt. Du hast
keine Angst, dich mit anderen anzulegen,
wenn sie sich hinter ihrer frommen Fas-
sade verstecken. An dir kann keiner so
leicht vorbeigehen. Schenke mir etwas von
deiner Kraft, von deiner Geradlinigkeit, von

deiner Klarheit, aber auch von deiner Liebe und Güte, von deinem Vertrauen und deiner Zuversicht. Dann wird mir mein Leben gelingen. Dann werde ich mich nicht von andern in eine Richtung treiben lassen, die mir gar nicht liegt.

Jesus, sei heute bei mir, damit ich durch dich auch ganz ich selber bin. Dann komme ich mit mir selbst in Berührung, ohne mich von andern verbiegen zu lassen. Darum bitte ich dich, Jesus Christus, meinen Bruder und meinen Herrn.

Jesus: Lebens-Mittel

Jesus, du hast wunderbare Worte gesagt, um mir zu zeigen, wer du für mich bist. Du hast gesagt, dass du das Brot des Lebens bist, das wahre Brot, das vom Himmel herabgekommen ist.

Du bist wie Brot, das mir Kraft gibt für den Weg. Das mich stärkt, wenn ich mich kraftlos fühle. Du stillst meinen Hunger nach Leben, nach Liebe. Wenn ich dich spüre, dann brauche ich meinen Hunger nicht mit Essen zuzustopfen, dann kann ich genießen, was ich zu mir nehme.

Du hast dich mit dem Brot verglichen, das Gott dem Volk Israel in der Wüste gegeben hat. Wenn ich mich manchmal wie in der Wüste fühle, alleingelassen, unverstanden von meinen Eltern, von meinen Freunden, dann bist du wie Brot, das mich nährt. Wenn du bei mir bist, fühle ich mich nicht mehr einsam. Danke!

Jesus: frisches Wasser

Jesus, du hast einer Frau aus Samarien verheißen, du würdest ihr ein Wasser geben,
das in ihr zu einer sprudelnden Quelle wird.
Dann braucht sie nicht mehr Wasser zu
schöpfen. Dann hat sie keinen Durst mehr.
Jesus, manchmal fühle ich mich wie aus-
getrocknet. Ich habe keine Ideen mehr, wie
ich mein Leben gestalten soll. Wie ich mit
andern reden und was ich mit ihnen unter-
nehmen könnte. Alles wird langweilig.
Da sehne ich mich, dass du mich wie eine
frische Quelle wieder lebendig machst.
Dass du das Schläfrige wegwischst und mir
neue Lebendigkeit schenkst. Sei du für mich
das Wasser, das meinen Durst nach Liebe
stillt und mich erfrischt, damit das Leben
wieder in mir strömt und auch für andere
zur Quelle des Segens wird.

Jesus: Farbe, Licht

Jesus, du hast von dir gesagt, dass du das
Licht bist und mich erleuchtest. Manchmal
ist alles dunkel um mich herum und auch
in mir. Wenn mich meine Freunde vergessen haben, zum Ausflug mitzunehmen.
Wenn meine Freundin mich nicht versteht.
Wenn meine Eltern ständig an mir herum-
kritisieren – Dann fühle ich diese Dunkelheit. Ich sehe keinen Sinn mehr. Und oft
blicke ich nicht mehr durch.
Ich habe den Eindruck, dass sich ein
Schleier auf meine Augen gelegt hat. Da
sehne ich mich nach dem Licht, das alles
in mir erleuchtet. Das mir die Augen öffnet,
damit ich wieder klar sehen kann.

Jesus, wenn ich deine Worte lese, dann sind sie manchmal für mich wie ein Licht, das mir meinen Weg erleuchtet. Aber oft bleiben mir auch deine Worte dunkel. Ich verstehe sie einfach nicht. Sei mir Licht auf meinem Weg, damit ich mich selbst verstehen kann. Damit ich den Sinn meines Lebens entdecke. Wenn du mich erleuchtest, dann wird alles in mir und um mich herum hell. Und das Leben bekommt eine andere Farbe. Es lohnt sich, im Licht zu leben.

Jesus: Starke Schultern

Jesus, du hast ein wunderbares Wort von dir gesagt: „Ich bin der gute Hirt. Der gute Hirt gibt sein Leben für die Schafe." Du gehst mir nach, wenn ich mich selbst verloren oder irgendwohin verirrt habe.
Du machst mir keine Vorwürfe, sondern nimmst mich einfach auf deine Schultern und trägst mich dorthin, wo ich wieder leben kann. Du kennst mich und du kümmerst dich um mich. Und du setzt dein Leben für mich ein. Ich bin dir wichtig, so wichtig, dass du dein Leben für mich aufs Spiel setzt.
Manchmal, wenn ich mich selbst nicht annehmen kann, wenn ich mir so wertlos vorkomme, dann tut mir das Bild des guten Hirten wohl. Ich stelle mir vor, wie du mich auf deiner Schulter trägst. Und ich weiß: Mein Leben wird gelingen.

Jesus: Zutritt erlaubt!

Jesus, oft finde ich keinen Zugang zu mir selbst.
Ich fühle mich wie abgeschnitten von mir. Ich
lebe so dahin; aber ich spüre mich nicht. Dann
kann ich auch die andern nicht erreichen.
Du hast von dir gesagt: „Ich bin die Tür." Gib du
mir den Schlüssel, damit die Tür aufgeht zu mei-
nem Herzen, damit ich eintreten kann in mein
Inneres und entdecke, dass du in mir wohnst. Sei
du die Tür, damit ich Zugang finde zu meinen
Freunden, damit das Leben und die Liebe zwi-
schen uns wieder fließen kann.
Manchmal habe ich den Eindruck, dass mir alle
Türen in eine bessere Zukunft verschlossen sind.
Ich trete auf der Stelle. Öffne mir die Tür, damit
ich neue Bereiche meines Lebens betreten kann,
damit sich eine Perspektive eröffnet, die meinem
Leben Sinn gibt.
Zeig mir bei allem, was mich bewegt, dass du bei
mir bist. Du bist die Tür zu dem Raum, in dem
ich mich, meine Freunde und das Leben finde.

Jesus: Keine Langeweile

Manchmal ist mein Leben ohne Geschmack. Es schmeckt alles so fad und langweilig. Jesus, du sagst von dir: „Ich bin der wahre Weinstock und ihr seid die Reben." Wenn ich dieses Wort ernst nehme, dann heißt das: Ich bin mit dir verbunden wie die Rebe mit dem Weinstock. Die Liebe, die dich durchdringt, strömt auch durch mich. Der Atem, den ich in mir spüre, ist nicht nur Luft. In ihm strömt deine Liebe durch mich. Sie gibt mir neuen Geschmack, einen angenehmen Geschmack, den Geschmack der Liebe.

Aber oft hilft mir dieses Wissen nicht weiter.
Ich spüre mich trotzdem nicht. Und wenn
ich mich nicht spüre, ist mein Leben auch
fruchtlos. Du hast versprochen: Wer in dir
bleibt, der bringt reiche Frucht. Ich bitte
dich, dass du mein Leben Fürchte bringen
lässt, dass es aufblüht und sich viele daran
freuen können. Ich möchte nicht einfach
nutzlos und fruchtlos dahinleben. Ich vertraue darauf, dass mein Leben auch für
andere fruchtbar wird. Dazu segne mich,
Jesus, du mein Bruder und mein Gott.

Jesus: Das Geheimnis

Jesus, ich lese dein Wort: „Ich bin der Weg,
die Wahrheit und das Leben." Das fasziniert
mich. Du bist der Weg. Wenn ich dich be-
trachte, finde ich einen Weg zum Leben. Da
bleibe ich nicht orientierungslos in dieser
Welt der tausend Angebote. In dir geht mir
das Geheimnis der Welt auf.

Du bist die Wahrheit. Wenn ich mich in
deine Worte versenke, blicke ich auf einmal durch. Ich schaue auf den Grund. Und
obwohl nach außen hin noch vieles durch-
einander ist, habe ich den Eindruck: In der
Tiefe ist alles klar.

Du bist das Leben, Jesus. Aber manchmal
bleibst auch du mir fremd. Da verstehe ich
dich nicht. Du versteckst dich wie hinter
einer Wand. Doch wenn ich deine Worte
ernst nehme, dann bin ich dir jedes Mal
nahe, wenn ich auf dem Weg bin, wenn ich
mich innerlich wie äußerlich bewege. Und

wenn mir etwas aufgeht, dann erkenne ich
letztlich dich. Und wenn ich voller Leben
bin, dann erfahre ich dich. In meiner Lebendigkeit geht mir dein Geheimnis auf. So bist
du mir nicht fern.
Auf jedem Weg, in jeder Wahrheit, die mir
aufgeht, im Leben, das ich spüre, komme
ich auch in Berührung mit dir, da bist du bei
mir.

Jesus heißt: Aufstehen!

Manchmal möchte ich einfach im Bett liegen bleiben. Da habe ich zu nichts Lust. Da wird mir alles eine Last. Wenn ich an die Arbeit denke, an die Prüfungen, die mich erwarten, an die Konflikte, in denen ich gerade stecke, dann möchte ich am liebsten die Decke über meinen Kopf ziehen und nichts mehr spüren. Doch fühle ich mich dann auch nicht wohl.

Als dein Freund Lazarus gestorben war, als er jede Beziehung zu den Menschen verloren hatte, da hast du zu seiner trauernden Schwester Marta gesagt: „Ich bin die Auferstehung."

Wer an dich glaubt, der lebt, auch wenn er stirbt. Das gilt nicht nur für das Leben nach dem Tod. Es gilt auch schon hier und jetzt.

Wenn ich an dich, den Auferstandenen, glaube, dann kann ich jetzt schon aufstehen zum Leben. Wenn ich in meiner Angst oder meiner Dunkelheit liegen bleiben möchte wie in einem Grab, dann brauche ich deine Verheißung: „Ich bin die Auferstehung." Jesus, wecke du mich auf, damit ich den Mut habe, meine Augen aufzumachen und die Dinge so zu sehen, wie sie sind. Richte mich auf, damit ich aufstehe aus meinem Grab und den Aufstand wage gegen alles, was mich am Leben hindern möchte. Nimm den Stein weg, der manchmal auf mir liegt und mich vom Leben abhält und der mich von den Freunden trennt. Wenn ich in mir selbst verschlossen bin, dann sprich zu mir das Wort, mit dem du Lazarus aus seiner Beziehungslosigkeit befreit hast: „Komm heraus!"

Denn Gott hat uns nicht einen
Geist der Verzagtheit gegeben,
sondern der Kraft, der Liebe und
der Besonnenheit.

2 Timotheus 1,7

GEIST
GOTTES

Beistand Geist

Jesus, du hast uns den Heiligen Geist als
Beistand verheißen. Ich fühle mich oft allein gelassen. Da steht mir niemand bei. Da
bin ich nur auf mich selbst angewiesen. In
solchen Situationen sehne ich mich nach

dem Beistand, der neben mir steht. Der mir den Rücken stärkt. Der mit mir durch alle Schwierigkeiten hindurchgeht, die oft wie eine Mauer vor mir stehen.

Heiliger Geist, stehe du mir bei, wenn ich nicht weiß, wie ich mich entscheiden soll. Stehe mir bei, wenn ich Angst habe, das zu sagen, was ich wirklich spüre. Stehe mir bei, wenn ich mich zu sehr nach den Erwartungen der andern richte und mich selbst dabei verbiege. Stärke mir den Rücken, damit ich zu mir stehen kann. Wenn du bei mir stehst, bekomme ich auch Mut, Rückgrat zu zeigen und für mich einzustehen.

Heiliger Geist, sei du heute mein Beistand, damit ich alles durchstehen kann, was mich erwartet.

Gebet um Mut

Heiliger Geist, als die Jünger sich aus Furcht eingeschlossen hatten, da bist du wie ein Sturm in sie gefahren und hast sie aus ihrer Enge herausgetrieben. Und auf einmal hatten sie Mut, für Jesus und seine Auferstehung Zeugnis abzulegen.

Ich kenne diese Furcht der Jünger. Ich traue mich oft nicht, das zu sagen, was ich wirklich denke, aus Angst, die andern könnten das komisch finden. Ich fühle mich wie blockiert, weil ich mir denke, welche Gedanken sich die andern über mich machen könnten.

Da bräuchte ich dich, Heiliger Geist. Dann würde ich nicht auf die Gedanken der andern fixiert sein. Ich wäre in Berührung mit meinem eigenen Herzen. Ich würde sagen, was sich in meinem Herzen an Worten bildet.

Oft habe ich auch Angst, über meinen Glauben zu sprechen. Ich habe Angst, verletzt zu werden, lächerlich gemacht zu werden. Heiliger Geist, gib mir Mut, vor andern für mich und für meinen Glauben einzustehen. Zeige mir auch, wo es angebracht ist, mich als Christ zu bekennen, und wo ich es lieber bleiben lasse, weil es die andern sowieso nicht verstehen würden.

Heiliger Geist, gib mir ein Gespür für das, was stimmt, damit ich stimmig lebe. Damit ich das sage, was in mir ist. Lass du die Worte aus mir strömen, die auch das Herz der andern öffnen, damit ein wirkliches Gespräch entstehen kann.

Mein Feuerofen

Heiliger Geist, du bist den Jüngern wie
Zungen von Feuer erschienen. Du bist
Feuer, das uns wärmt, das uns lebendig
macht. Manchmal fühle ich mich ausge-
brannt und leer. Ich habe den Eindruck, da
glüht in mir nichts mehr. Die Begeisterung
ist verflogen. Alles in mir ist kalt und grau
wie Asche. Da sehne ich mich nach dem
Feuer, das ich schon gespürt habe.
Wenn du in mir als Feuer bist, dann sprüht
es in mir. Dann habe ich auf einmal Ideen.
Dann stecke ich auch andere an. Dann ist
es in mir warm und um mich herum entsteht Wärme. Heiliger Geist, sei du in mir
die Glut, die auch andere wärmt. Sei du in
mir das Feuer, von dem die Funken sprühen
und auch in andern Leben wecken.

Heiliger Geist, du bist in mir, auch wenn ich dich nicht spüre. Ich will mir jetzt vorstellen, dass du wie eine Glut in mir bist und mein Inneres wärmst. Ich muss von Zeit zu Zeit die Tür meines Ofens schließen, damit die Glut nicht ausbrennt, sondern mich erwärmt. Dann werden vielleicht auch andere kommen, um sich zu mir zu setzen und sich an mir wie an einem Ofen zu wärmen. In solchen Augenblicken bin ich voller Dankbarkeit. Heiliger Geist, lasse mich dich spüren als die Glut, die uns im Innersten miteinander verbindet und Gemeinschaft stiftet.

Verglichen mit anderen ...

Andere haben so viele Begabungen. Wenn ich mich mit ihnen vergleiche, schneide ich immer schlechter ab. Meine Freundin tut sich viel leichter mit dem Lernen als ich. Mein Freund hat keine Probleme, Kontakt zu andern zu bekommen. Ich tue mich so schwer, aus mir herauszugehen und das zu erreichen, was mir vorschwebt. Wenn ich etwas sage, habe ich immer den Eindruck, dass es nicht besonders intelligent ist. Und mit meinem Aussehen bin ich auch nicht zufrieden.

Heiliger Geist, du spendest uns deine Gaben. Du hast auch mich begabt mit vielen Fähigkeiten. Aber oft sehe ich die Gaben nicht, die du mir geschenkt hast. Ich vergleiche mich lieber mit andern.

Lass mich dankbar die Gaben annehmen,
die du in mich hineingelegt hast. Durch-
dringe diese Begabungen, damit sie Frucht
bringen für mich und für andere. Schenk
mir Vertrauen, dass die Fähigkeiten, mit
denen du mich begabt hast, mir das Leben
ermöglichen. Ein Leben, das mir entspricht
und meinen inneren Reichtum entfaltet.
Und gib mir die Gabe der Dankbarkeit,
damit ich dankbar entfalte, was du in mich
hineingelegt hast.

Gemeinschaft
Kirche

Ihr wisst, dass die, die als Herrscher gelten,
ihre Völker unterjochen und dass die Großen
sich Gewalt über sie aneignen.
Bei euch aber soll es nicht so sein, sondern
wer unter euch der Größte sein will, soll
euer Diener sein, und wer unter euch der
Erste sein will, soll der Diener aller sein.

Markus 10,42b-44

Zusammen, nicht allein

Guter Gott, ich danke dir für die Gemein-
schaften, in die du mich gestellt hast, für
die Gemeinschaft meiner Familie, in der ich
mich geborgen und getragen fühle, für die
Gemeinschaft der Gruppe, die mir Halt gibt,
und auch für die Gemeinschaft der Kirche,
in die du mich hineingestellt hast.
Manchmal erlebe ich die Gemeinschaft als
sicheren Halt. Ich weiß, dass ich nicht allein
bin, sondern aufgefangen von andern. Ich
kann in der Gemeinschaft meine Erfahrungen zum Ausdruck bringen.
Die Gemeinschaft der Kirche tut mir gut,
wenn ich mich im gemeinsamen Gebet
ausdrücken kann. Dann spüre ich, wie mich
das Gebet der anderen in der Kirche trägt.
Es erzeugt eine eigene Kraft. Alle schauen
auf Gott, singen und beten und schweigen
vor ihm.

Da spüre ich manchmal hautnah deine Gegenwart, guter Gott. Da weiß ich, dass mein Glaube keine Einbildung ist, dass ich nicht allein gelassen bin mit meiner Sehnsucht nach dir. Da fühle ich mich in einer tieferen Weise getragen, als jede menschliche Gemeinschaft es vermag. Sei du selbst in unseren Gottesdiensten, damit ich dich spüre als den Grund, der uns trägt, als die Klammer, die uns zusammenhält, und als den Gott, der unserem Leben Sinn schenkt.

In Schwingung geraten

In der Bibel wird die erste christliche Ge-
meinde beschrieben: „Tag für Tag verharr-
ten sie einmütig im Tempel, brachen in
ihren Häusern das Brot und hielten miteinander Mahl in Freude und Einfalt des Herzens" (Apostelgeschichte 2,46). Manchmal
durfte ich diese Erfahrung machen, dass
viele zusammenkamen (beim Weltjugend-
tag, beim Katholikentag, auf dem Kirchen-
tag ...), um zu beten, und dass sie einmütig
wurden; auf das Eine ausgerichtet waren,
auf dich, den einen und einzigen Gott.
Solche Gottesdienste geben Kraft. Da weiß
ich, dass ich keinen Illusionen nachlaufe,
wenn ich glaube.

Die Bibel schreibt, dass beim gemeinsamen
Gebet der Urkirche der ganze Ort zu beben
anfing (Apostelgeschichte 4,31). Manchmal spüre ich so ein Beben. Da entsteht
eine eigene Schwingung. Sie verbindet die
Menschen. Und es geht eine Kraft vom gemeinsamen Gebet aus, die die ganze Welt
verändert. Wenn wir als Kirche miteinander
Gottesdienst feiern und gemeinsam beten,
dann entsteht eine Wirklichkeit, die man
nicht mehr wegwischen kann. Dann ist
an dieser Stelle die Welt heller und heiler
geworden.

Guter Gott, für solche Erfahrungen von
Kirche danke ich dir. Und ich bitte dich:
Schenke mir immer wieder gemeinsame
Gottesdienste, die mich tragen. Die etwas
in mir zum Beben bringen. Und die diese
Welt mit deinem Geist erfüllen und sie so
menschlicher und wärmer machen.

Enttäuschte Gemeinschaft

Ich erlebe die Gemeinschaft meiner Familie
und die Gemeinschaft der Kirche nicht nur
als tragend und erfüllend, sondern oft auch
als enttäuschend. Manche Gottesdienste
sind leer. Da spüre ich gar nichts. Ich ärgere
mich über die Durchschnittlichkeit der Kirche, über ihre internen Machtkämpfe, über
ihr oft jämmerliches Erscheinungsbild nach
außen.

Manchmal schimpfe ich dann über die
Kirche, über meine Familie, über die
Gruppe, der ich mich angeschlossen habe.
Aber ich weiß auch, dass weder meine
Familie, noch die Gruppe, noch die Kirche
mein letzter Halt sind, sondern allein du,
mein Gott. Und die Sehnsucht nach dir wird
nicht nur durch die Erfüllung geweckt, sondern auch durch die Enttäuschung.

Die Sehnsucht gehört mir. Und in meiner Sehnsucht nach dir bist du schon in mir.

Die Enttäuschungen an der Gemeinschaft sind wichtig, damit ich mein Lebenshaus nicht auf ein schönes Gefühl von Miteinander baue, sondern auf dich.

Gefühle sind ein brüchiges Fundament für mein Haus. Die Enttäuschungen zwingen mich, dass ich das eigentliche Fundament meines Lebens entdecke: dich, meinen Gott.

Um dich geht es. Erfüllte Gemeinschaft und enttäuschte Gemeinschaft: Beides will mich immer mehr auf dich hin treiben, damit du der Grund meines Lebens wirst. Damit ich aus dir lebe und in dir die Erfüllung meiner Sehnsucht finde.

Furcht gibt es nicht in der Liebe,
sondern die vollkommene Liebe
treibt die Furcht aus.

1 Johannes 4,17d

Über den Tod hinaus

Im Glaubensbekenntnis stolpere ich oft über die Worte: „Ich glaube an die Auferstehung der Toten und das ewige Leben." Das scheint mir weit weg zu sein. Doch als neulich mein Freund bei einem Verkehrsunfall ums Leben kam, wurden diese Worte auf einmal Trost für mich. Da wurde mir klar, dass der Tod nicht das letzte Wort ist. Der Tod vermag uns im Tiefsten nicht zu trennen.

Wir werden im Tod nicht aus deiner Liebe fallen, guter Gott. Und der Tod wird auch die Liebe nicht zunichtemachen, die uns Menschen miteinander verbindet. Auferstehung der Toten heißt für mich, dass die Liebe stärker ist als der Tod. Ich kann mit meinem Freund nicht mehr sprechen, ihn nicht mehr umarmen und spüren. Aber da er nun bei Gott ist, ist er auch bei mir. Und im

Gebet und im Gottesdienst kann ich auch die Gemeinschaft mit ihm spüren. Manchmal spricht er zu mir im Traum. Dann weiß ich, dass er mich weiter begleitet und mir den Rücken stärkt.

Neulich sprach ich mit einer Bekannten. Sie lässt sich auf keine Beziehung mehr ein, weil sie ihren Freund durch Krankheit verloren hat. Da ist mir aufgegangen, wie gut es ist, an die Auferstehung der Toten zu glauben. Die Liebe, die ich zu einem Freund spüre, geht nicht verloren. Sie wird nur verwandelt. Aber ich kann weiter aus ihr leben. Denn mein Freund ist in dich hinein gestorben, in die ewige und göttliche Liebe, die uns miteinander verbindet und die auch der Tod nicht aufheben kann.

Stärker als die Angst

Wenn ich in der Zeitung von den vielen Toten lese, die die Flutkatastrophe, der Flugzeugabsturz, das Zugunglück, der Terrorakt verursacht hat, dann möchte ich am liebsten mein Herz verschließen.

Denn ich kann mit so viel Tod nicht umgehen. Ich möchte nicht ständig an meinen eigenen Tod denken. Und doch weiß ich, dass ich nur dann ohne Angst leben kann, wenn ich mir bewusst mache, dass mein Leben hier auf Erden einmal zu Ende geht. Der Glaube an die Auferstehung der Toten erinnert mich daran, hier und jetzt bewusst zu leben. Jeden Augenblick zu genießen. Ganz gegenwärtig zu sein. In allem, was ich hier mit allen Sinnen wahrnehme, liegt schon die Verheißung des Ewigen, das mich im Tod erwartet. Im Tod wirst du meine tiefste Sehnsucht erfüllen. Daher sind die

Träume, die ich mir vom Leben mache,
nicht einfach Schäume. Sie werden vielleicht hier nicht alle in Erfüllung gehen.
Aber im Tod wirst du sie mir in einer Weise
erfüllen, die meine Vorstellung übersteigt.
Daher macht mir der Tod keine Angst mehr.
Aber das sind nur Augenblicke, in denen
ich so denke und fühle. Oft habe ich doch
Angst vor dem Tod und möchte ihn am
liebsten verdrängen.

Guter Gott, du hast uns in der Auferstehung
deines Sohnes die Gewissheit geschenkt,
dass auch wir im Tod nicht ins Leere fallen,
sondern in deine liebenden Hände. Stärke
meinen Glauben. Und lass mich hier inten-
siv leben, damit ich hier schon ahne, was
mich im Tod an Leben erwartet.

Glaube

Hoff

Jetzt bleiben Glaube, Hoffnung, Liebe,
diese drei;

nung   Liebe

doch am größten unter ihnen
ist die Liebe.
1 Korinther 13,13

Ich möchte glauben

Meine Freunde sagen mir oft: „Ich kann nicht glauben. Ich sehe Gott nicht. Ich glaube nur, was ich sehe und erfahren kann. Was du glaubst, ist alles nur Einbildung." Solche Sätze verunsichern mich. Und ich weiß oft nicht, was ich darauf sagen kann. Denn ich kenne auch in mir den Zweifel, ob das alles so stimmt, was ich glaube, oder ob es nur Einbildung ist, damit es mir besser geht.

Jesus, du hast den Zweifler Thomas nicht getadelt. Du hast seinen Zweifel belohnt. Er durfte dich nicht nur sehen, sondern auch deine Wunden berühren. Das hat ihn zu einem tieferen Glauben geführt. Er konnte auf einmal bekennen: „Mein Herr und mein Gott!" (Johannes 20,28).

Lass mich durch alle Zweifel hindurch immer mehr dich erkennen: meinen Herrn und meinen Gott. Herrsche du in mir und vertreibe alle falschen Herren aus meinem Herzen: die Herren des Geldes und des Erfolges, der Anerkennung und der Bestätigung. Sei du mein Gott und befreie mich von den Götzen, denen ich oft nachlaufe. Schenke mir wie dem Thomas die Berührung mit dir und deinen Wunden, damit ich in deinen Wunden die Liebe spüre, die für mich gestorben ist.

Dann wird mir aufgehen, was du deinen Freunden gesagt hast und was du mir heute zusprichst: „Es gibt keine größere Liebe, als wenn einer sein Leben für seine Freunde hingibt" (Johannes 15,13).

Ein Funken Hoffnung

Guter Gott, oft kommt mir alles so hoffnungslos vor. Ich habe schon so viel an mir gearbeitet. Aber ich komme einfach nicht weiter. Ich falle immer wieder in die gleichen Fehler.

Ich habe Angst, dass ich allein bleiben werde. Seitdem mich meine Freundin, mein Freund verlassen hat, habe ich Angst, mich auf eine neue Beziehung einzulassen.

Auch für meine Zukunft sieht es nicht sehr rosig aus. Überall baut man Arbeitsplätze ab. Ich weiß gar nicht, was ich studieren, welche Ausbildung ich machen soll, damit ich die Arbeit finde, die mich erfüllt.

Wie soll ich da voller Hoffnung leben, so wie das die ersten Christen taten?

Sie hatten ihre Hoffnung auf das Kommen Jesu gesetzt. Da waren die irdischen Hoffnungen nicht so wichtig. Aber ist das nicht Flucht vor der Realität? Worauf soll ich hoffen? Ich möchte gern sprechen können, wie es in der Bibel heißt: „Auf dich, Herr, hoffe ich; du wirst mich erhören, Herr, mein Gott" (Psalm 38,16).

Ja, Gott, ich hoffe auf dich. Enttäusche mich nicht in meiner Hoffnung!

Schütze meine Liebe

Guter Gott, wie die meisten Menschen sehne ich mich danach, zu lieben und geliebt zu werden. Ich sehne mich nach einer Liebe, die Bestand hat, auf die ich mich verlassen kann. In meiner Sehnsucht fühle ich mich doch häufig einsam.

Schenke mir eine Liebe, die mich erfüllt, die mich durch den Alltag trägt. Schenke mir einen Freund, eine Freundin, mit der ich mein Leben teilen kann. Und schütze du unsere Liebe, damit sie uns nicht vor lauter Aktivitäten abhandenkommt. Mach mich sensibel, dass ich meinen Freund/meine Freundin nicht mit meiner Liebe überfordere oder festklammere.

Schenke meiner Liebe innere Freiheit und zugleich Vertrauen und Festigkeit, damit ich von ihr leben kann.

Die innere Quelle

Guter Gott, in mir ist eine Quelle der Liebe. Sie verbindet mich mit meinem Herzen und mit den Menschen um mich herum. Lass mich in meinem Herzen diese Quelle der Liebe entdecken. Sie versiegt nicht und zerrinnt nicht, weil sie von dir kommt.

Lass mich in all meinen Erfahrungen von Liebe deine unendliche Liebe wahrnehmen. Auf sie kann ich mich verlassen. Schenk mir die Fähigkeit, aus der Quelle der Liebe, die in mir fließt, diese Liebe zu allem strömen zu lassen, was ist.

Die Liebe soll meinen Leib durchdringen. Sie soll den Menschen gelten, mit denen ich zusammen bin. Dann werde ich mich nicht länger einsam fühlen. Die Liebe ist wirklich – wie es in der Bibel heißt – „das Band, das alles zusammenhält und vollkommen macht" (Kolosser 3,14).

Selig, die Armen im Geist;
denn ihnen gehört das Himmelreich.
Selig, die Trauernden;
denn sie werden getröstet werden.
Selig, die Sanftmütigen;
denn sie werden das Land erben.
Selig, die hungern und dürsten nach Gerechtigkeit;
denn sie werden satt werden.
Selig, die Barmherzigen;
denn sie werden Barmherzigkeit erlangen.
Selig, die ein reines Herz haben;
denn sie werden Gott schauen.

Selig, die Friedensstifter;
denn sie werden Söhne Gottes heißen.
Selig, die verfolgt werden um der Gerechtigkeit willen;
denn ihnen gehört das Himmelreich.

Matthäus 5,3–10

Selig
Glücklich

Arm vor Gott, reich vor Gott

Jesus, nach Glück sehnen wir uns alle. Aber das Glück können wir uns nicht kaufen. Du hast uns Wege gezeigt, wie unser Leben gelingt. Du hast die glücklich gepriesen, die arm sind vor Gott.

Arm sein ist eine Haltung, die mich gar nicht anspricht. Denn ich möchte eher reich werden. Ich möchte, dass ich nicht ständig Geldsorgen habe, sondern zufrieden leben kann.

Doch ich weiß auch, dass Besitz besessen machen kann. Du verlangst nicht von mir, dass ich nichts habe, sondern dass ich nicht am Äußeren hänge. Der Reichtum, den ich außen suche, wird mich nie zufriedenstellen. Vor allem wenn ich mich mit andern vergleiche, werde ich nie zufrieden sein mit dem, was ich habe.

Du sprichst von dem Schatz, den wir im Himmel haben. Wenn du in mir wohnst, dann habe ich alles, was ich brauche. Dann entdecke ich in mir einen inneren Reichtum. Den muss ich nicht ängstlich verteidigen. Er ist in mir. Wenn ich diesen Reichtum in mir finde, dann ahne ich, was Glück meint. Schenke mir diesen inneren Schatz, den „kein Dieb wegnimmt" (Lukas 12,33).

Freude für alle, die traurig sind

Jesus, niemand will gerne traurig sein.
Trauer möchte ich eher vermeiden. Trotzdem bin ich manchmal traurig. Wenn ich
mich nicht verstanden fühle, wenn ich an
meiner Einsamkeit leide, dann steigt Traurigkeit in mir hoch. Ich weiß nicht, warum
du gerade die Trauernden seligpreist.
Aber vielleicht sind gerade die, die sich
auch ihrer Trauer stellen, fähig, wahre
Freude zu erfahren. Wer nur cool sein will,
der kann sich auch nicht wirklich freuen.
Trauer und Freude gehören offensichtlich
zu meinem Leben. Beides gibt meinem
Leben Geschmack.

Wenn ich in meine Traurigkeit hineinspüre, dann fühle ich mich auch lebendig. Dann komme ich in Berührung mit der Tiefe meiner Seele. Das Leben ist eben nicht nur oberflächlich. Ich ahne das Geheimnis meines Lebens.

Die Trauer über meine Einsamkeit, über den Verlust lieber Menschen, die Trauer über verpasste Chancen öffnet mich für das, was mein Leben eigentlich trägt. Und da ahne ich, dass du letztlich der Grund bist, auf den ich mein Leben bauen kann. Wandle du meine Trauer in Freude. In eine Freude, die auch durch einen grauen Alltag nicht zerstört werden kann.

Keine Gewalt

Oft möchte ich zurückschlagen, wenn mich jemand verletzt hat. Ich spüre in mir das Verlangen, den andern mit Worten zu verletzen. Ihm meine Überlegenheit zu zeigen. Ihn kleinzumachen. Doch danach fühle ich mich schlecht. Ich kann dann nicht triumphieren, sondern ärgere mich über mich selbst.

Jesus, zeige du mir einen anderen Weg, auf Kränkungen zu reagieren! Du hast denen, die keine Gewalt anwenden, Heimat verheißen. Aber wie werde ich fähig, auf Gewalt zu verzichten?

Ich brauche die Erfahrung, dass du in mir wohnst. Dort, wo du in mir wohnst, bin ich daheim. Und wenn ich in mir selbst und in dir Heimat erfahre, dann dringen die Verletzungen nicht in mein Inneres ein. Sie berühren nur meine Gefühle. Doch je tiefer ich in mich hineingehe, desto weniger kränken sie mich.

Wenn ich die Heimat in mir spüre, dann habe ich es nicht nötig, zurückzuschlagen. Dann ahne ich, was Glück heißt: in dir zu ruhen. In dir Heimat zu haben. Ganz im Einklang zu sein mit mir und dir, sodass mich keine Gewalt von außen vertreiben kann.

Richtig leben

Ich möchte richtig leben, Jesus. Du versprichst das Glück nicht nur denen, die sich selbst gerecht werden oder die sich gerecht gegenüber andern verhalten. Sondern allen, die sich nach Gerechtigkeit in dieser Welt sehnen. Die nicht ruhen, bevor nicht auch den Menschen um sie herum Gerechtigkeit widerfährt.

Wenn ich deine Worte ernst nehme, dann kann ich mich nicht nur um mich kümmern. Ich muss mich auch einsetzen für die Menschen, die nicht um ihr Recht kämpfen können, die keine Stimme haben.

Das ist oft unbequem. Ich gerate dabei in Konflikte und Auseinandersetzungen. Aber ich spüre, dass ich nur dann wirklichen Frieden finde, wenn ich meine Solidarität zu den Menschen auch nach außen ausdrücke. Zugleich werde ich mir aber auch meiner

Grenzen bewusst. Ich kann nicht Recht für alle Menschen durchsetzen.
Jesus, zeige mir den Weg, wie ich beidem gerecht werden kann: meinen eigenen Grenzen und den Menschen und ihrem Recht auf Leben.

Ein weites Herz

Jesus, du hast Menschen nie verurteilt,
sondern immer ein Herz gehabt gerade für
die, die sich arm und elend fühlen, die sich
als Sünder ausgestoßen wissen. Du hast ein
Herz für uns arme Menschen. „Barmherzigkeit" nennt das die Bibel.
Schenke mir deine Barmherzigkeit, damit
ich barmherzig mit mir selbst umgehe. Ich
reagiere oft so unbarmherzig auf meine
eigenen Fehler und Schwächen. Ich verur-
teile mich ständig. Da sehne ich mich nach
deinem Herzen, das sich erbarmt, statt zu
verurteilen.
Wenn ich mit mir selbst barmherzig bin,
dann kann ich auch ein Herz haben für die
Menschen, die sich selbst nicht annehmen
können.

Ich sehne mich nach einer Welt, die barm-
herziger ist als die unsere, in der es immer
rauer zugeht. Lass deinen Geist der Barmherzigkeit immer tiefer in mein Herz eindringen, damit mein Herz weit wird. Damit
ich mit einem weiten Herzen die Menschen
um mich herum einlade, sich selbst mit einem gütigen Auge anzuschauen.

Alles klar?

Ich bin immer fasziniert von Menschen, die in sich klar und lauter sind. Sie haben keine Nebenabsichten. Sie hast du offensichtlich gemeint, Jesus, wenn du die seligpreist, die ein reines Herz haben. Ein unverstelltes Herz.
Ich sehne mich auch nach so einem lauteren Herzen. Aber ich entdecke in mir oft ein Herz, das mehr einer Mördergrube gleicht. Es ist ein Herz voller Aggressionen und Vorurteile. Doch wenn ich mit Menschen zusammen bin, die ein reines Herz haben, dann spüre ich die Sehnsucht, genauso klar und eindeutig zu sein. Und dann komme ich in Berührung mit dem, was in mir selbst lauter und rein ist.

Jesus, vertreibe aus meinem Herzen alles Unklare, Undurchsichtige, Unlautere. Schenke mir die Reinheit und Klarheit, die du selbst vorgelebt hast. Du hast denen, die ein reines Herz haben, verheißen, dass sie Gott schauen. Lass mich Gott schauen und im Schauen auf Gott immer klarer und durchsichtiger werden für dich.

Frieden

Ich mag keinen Unfrieden. Wenn es in meiner Umgebung Streit gibt, ziehe ich mich
lieber zurück. Konflikte machen mir Angst.
Ich möchte meine Ruhe haben. Aber diese
Ruhe führt nicht zu wahrem Frieden.
Jesus, du hast uns deinen Frieden verheißen. Wenn ich weiß, dass ich bedingungslos
von dir geliebt bin, dann spüre ich Frieden
in mir. Dann bin ich auch fähig, Frieden zu
stiften, wenn um mich herum die Menschen streiten.
Ich spüre, dass die Konflikte oft ihre Ursa-
che im inneren Unfrieden der Streitenden
haben. Weil sie mit sich im Streit liegen,
müssen sie mit andern kämpfen.
Jesus, schenke mir den inneren Frieden,
damit ich auch um mich herum Frieden
schaffen kann. Wenn ich deinen Frieden in
mir spüre, dann macht mir der Unfrieden

um mich herum keine Angst. Dann kann ich auch auf die Streitenden zugehen, ohne mich in den Streit hineinziehen zu lassen und ohne meinen inneren Frieden zu verlieren. Jesus, du bist der wahre Friede. Sei in mir, damit du durch mich deinen Frieden in die Welt hinein ausstrahlst.

Unter Druck

Jesus, oft fühle ich mich unter Druck. Alle
wollen etwas von mir. Sie haben Erwartungen
an mich, die ich nicht erfüllen kann. Ich
stehe unter Druck, wenn mir die andern etwas
vorwerfen, was nicht stimmt. Ich fühle
meine Ohnmacht, mich zu verteidigen. Ich
werde angegriffen und weiß gar nicht, warum.
Auch wenn ich mir sagen kann, dass
das ein Problem der andern ist, verletzt es
mich. Und ich kann die Angriffe nicht einfach
wegwischen. Sie bohren in mir weiter.
Wenn ich dann anfange zu beten, tauchen
die kränkenden Worte wieder in mir auf.
Jesus, befreie mich von allen Worten, von
allen Blicken, von allen ablehnenden Gesten,
die mich verfolgen. Lass mich in dir
Ruhe und Frieden finden.

Wenn du ganz in mir bist und ich mich mit ganzem Herzen auf dich einlasse, dann erfahre ich wahre Freiheit. Aber ich spüre, dass ich diese Freiheit nicht selbst schaffen kann. Schenke du sie mir. Dann kann ich frei und ohne Angst leben.

Segne mich,

guter Gott, und alles, was ich heute in die Hand nehme. Segne meine Arbeit, damit sie gelingt und auch andern zum Segen wird. Segne meine Gedanken, damit ich heute gut über die Menschen denke. Segne meine Worte, damit sie in ihnen Leben wecken. Segne mein Leben, damit ich immer mehr das einmalige Bild verwirkliche, das du dir von mir gemacht hast. Segne mich, damit ich mit allem, was ich bin, immer mehr zu einer Quelle des Segens werden darf für die Menschen, denen ich begegne. Lass mich daran glauben, dass sie alle unter deinem Segen stehen. Dann werde ich sie mit anderen Augen anschauen und den Segen erkennen, der mir in jedem Menschen entgegenkommt. Segne alle Menschen, die ich in meinem Herzen trage, du, der gütige und barmherzige Gott, der Vater, der Sohn und der Heilige Geist. Amen.

Quellen

In wenigen Fällen ist es uns trotz großer Mühen nicht gelungen, alle Inhaber von Urheberrechten und Leistungsschutzrechten zu ermitteln. Da berechtigte Ansprüche selbstverständlich abgegolten werden, ist der Verlag für Hinweise dankbar.

© Verlag Herder GmbH, Freiburg im Breisgau 2014
Alle Rechte vorbehalten
www.herder.de

Umschlaggestaltung: excogito. Freiburg im Breisgau
Umschlagmotiv: © cw-design / PHOTOCASE
Satz: post scriptum, Emmendingen / Hinterzarten
Herstellung: Graspo CZ, Zlin

Printed in the Czech Republic
ISBN 978-3-451-31230-4